# HIPERATIVIDADE

## COMO LIDAR?

**Dados Internacionais de Catalogação na Publicação (CIP)**
**(Câmara Brasileira do Livro, SP, Brasil)**

Topczewski, Abram
Hiperatividade : como lidar? / Abram Topczewski. – São Paulo : Casa do Psicólogo, 1999.

Bibliografia
ISBN 85-7396-030-2

1. Crianças hiperativas 2. Crianças hiperativas – Educação I. Título.

99-2583 CDD-618.928589
NLM-WS 340

**Índices para catálogo sistemático:**

1. Crianças hiperativas : Neurologia infantil : Pediatria : Medicina 618.928589
2. Hiperatividade em crianças : Neurologia infantil : Pediatria : Medicina 618.928589

**Editor:** Anna Elisa de Villemor Amaral Güntert

**Preparação de originais:** Ruth Klusla Rosa

**Ilustrações do miolo e capa :** Jefferson Mendes

**Capa:** Sergio Poato

**Composição Gráfica:** Jesilene Fátima Godoy

Abram Topczewski

# Hiperatividade

## Como lidar?

Casa do Psicólogo®

3ª Edição – 2002


Rua Mourato Coelho, 1059 – CEP 05417-011 – São Paulo – SP
Fone: (11) 3034-3600 – E-mail: casadopsicologo@casadopsicologo.com.br
http://www.casadopsicologo.com.br



Impresso no Brasil/*Printed in Brazil*

Dedico este livro
à minha família e aos
meus pacientes,
com os quais eu aprendi.

# Agradecimentos

À Prof$^{\underline{a}}$ Dr$^{\underline{a}}$ Maria Valeriana de Moura Ribeiro e ao Prof. Dr. Jayme Murahovschi, pela leitura e sugestões.

Às secretárias Erika Martorelli, Denise Lazari Vieira e Lygia Maria Tereza Tonini, que sempre ajudaram na elaboração desta obra.

Aos colegas, amigos e funcionários que colaboraram na execução deste trabalho.

# Índice

# Prefácio

"Sábio é que tem experiência", diz o Talmud.

Mas, como não é possível adquirir experiência pessoal em tudo nesta curta existência, é válido adquirir parte dela de maneira indireta, através de pessoas confiáveis que tenham conhecimentos sedimentados e disposição para transmiti-los. Isso tudo é verdade, particularmente nas ciências relacionadas à saúde.

Neste livro, logo no início, o autor nos conta o caso clínico de Zezinho. É uma história típica e ilustrativa. Afinal, quem não conhece, ou pelo menos não ouviu falar de um menino extremamente irriquieto, desajeitado, que não consegue fixar a tenção e, por isso, vai mal na escola, embora pareça inteligente?

Geralmente, os pais já conversaram com a criança, aconselharam, colocaram de castigo, tentaram reforços psicológicos e até deram algumas palmadas (afinal, paciência também tem limites), tudo em vão. A psicóloga não conseguiu ajudar. Tentou-se ministrar um calmante e – oh decepção – o efeito foi contrário e a criança ficou mais irritada.

Após o diagnóstico de hiperatividade e deficiência de atenção, o que teria orientado o neuropediatra? Mudar de psicólogo, procurar um psicopedagogo, praticar esportes, outro remédio... ou tudo isso?

O manejo da hiperatividade está, razoavelmente, bem-estabelecido e pode ser encontrado nos livros especializados.

É neste ponto que voltamos ao início da nossa conversa.

Além dos conhecimentos científicos sólidos, é necessária muita experiência não só para firmar o diagnóstico, mas, também, para identificar os fatores relevantes em cada caso particular (já que esse problema nunca se repete de maneira idêntica). Ainda mais, o tratamento vai se modificando de acordo com a evolução da criança, através do acompanhamento atento por parte do médico, da família e da escola.

Este livro pode ser considerado como uma introdução ao tema para os não iniciados. Foi escrito em forma de colóquio dirigido, que reúne todas as questões pertinentes, as dúvidas mais freqüentes e as respectivas respostas, numa linguagem acessível a médicos, psicólogos, professores e pais.

É uma contribuição que pode resultar, em última instância, na melhoria da qualidade de vida dessas crianças, de seus amigos e familiares.

**Prof. Dr. Jayme Murahovschi**
Professor Titular de Pediatria da
Faculdade de Medicina de Santos.
Livre docente de Pediatria pela UNIFESP.

# Introdução

A escola, desde o século XIX, tornou-se uma atividade obrigatória, e, desde então, a escolaridade passou a ter um papel fundamental para a ascensão social. A partir deste período, as dificuldades escolares e os seus fracassos passaram a ser considerados como um problema importante ou até mesmo uma doença. Várias são as causas determinantes do fracasso escolar, e a hiperatividade é uma delas. Sabemos que a população de hiperativos é grande e parte dela apresenta dificuldades para a adaptação escolar, social e familiar. Uma reflexão é necessária sobre os efeitos da hiperatividade e quais as repercussões no futuro imediato e a longo prazo, considerando-se a inadaptação social e profissional.

A razão deste livro é alertar os pais, professores, pediatras e terapeutas para esta questão freqüente, e contribuir para o diagnóstico e tratamento deste quadro que a todos preocupa. Fundamentado na nossa experiência em neurologia infantil, acumulada em 28 anos, procuramos responder às perguntas formuladas no dia-a-dia do consultório, fornecendo elementos para a compreensão do que se passa no cotidiano do paciente hiperativo.

# Uma história

Zezinho foi um bebê chorão e que dormia pouco. Aos seus pais sempre diziam que era uma fase, um problema transitório da idade e que com o tempo se resolveria. De fato, Zezinho cresceu, melhorou, mas tornou-se uma criança muito agitada, "parecida com o pai e com o tio", diziam os avós. Sua mãe já estava ficando esgotada. Como todos diziam que lugar de criança era junto com outras crianças, Zezinho foi matriculado na escola. Iniciaram-se as reclamações escolares. A professora dizia que o Zezinho não ficava quieto, não prestava atenção nas brincadeiras e se dispersava com muita facilidade; não conseguia participar das brincadeiras com os coleguinhas, não aceitava as regras dos jogos, sempre querendo impor as suas, era mandão e solicitava a atenção da professora todo o tempo, como se fosse o único. Em casa, não ficava sentado `a mesa nem por poucos minutos durante as refeições; diante da TV, nem mesmo seus programas preferidos prendiam a sua atenção. A mãe comentava que o menino cansava até o cachorro, que se escondia quando ele chegava em casa. A orientadora da escola sugeriu aos pais que procurassem uma psicóloga. Iniciaram-se então as sessões de psicoterapia com a criança, por acreditarem que o problema poderia ser emocional. O tempo passou e os resultados foram desanimadores, pois Zezinho mal se concentrava nas atividades propostas, o que dificultava o trabalho da terapeuta. Foi através da solicitação da terapeuta e com a indicação do pediatra que os pais procuraram um neurologista infantil, para uma avaliação. Disseram ao neuropediatra terem lido nos jornais e assistido pela TV descrições de casos semelhantes ao do filho, e que para isso existiam medicamentos que poderiam melhorar seu comportamento. Vieram, então, para saber mais detalhes a respeito.

Histórias como essa são muito freqüentes, e quadros caracterizados pela hiperatividade e o distúrbio da atenção são comuns na infância e na adolescência, como determinantes do fracasso escolar.

# Definindo

## O que é hiperatividade?

A hiperatividade é um sintoma que não tem definição precisa aceita unanimemente, mas todos concordam que compromete de modo marcante o comportamento do indivíduo.

A hiperatividade é um desvio comportamental, caracterizado pela excessiva mudança de atitudes e de atividades, acarretando pouca consistência em cada tarefa a ser realizada. Portanto, isto incapacita o indivíduo para se manter quieto por um período de tempo necessário para que possa desenvolver as atividades comuns do seu dia-a-dia. Este padrão de comportamento se mostra incompatível com a organização do seu ambiente e com determinadas circunstâncias. Crianças e adolescentes hiperativos são freqüentemente considerados como pessoas inconvenientes.

## A hiperatividade é um problema muito freqüente?

Estima-se que a hiperatividade na idade pré-escolar esteja na faixa dos 10% e na idade escolar em 4-5% das crianças. Não dispomos de dados a respeito da incidência no adolescente. No entanto, estamos notando um número cada vez maior de pacientes nesta faixa etária vindo ao consultório à procura de auxílio para resolver esta situação desconfortável. Há autores que referem a persistência da hiperatividade, na idade adulta, em torno de 20-30% dos pacientes que o eram na infância. O comportamento hiperativo do adulto, muitas vezes, é mascarado através de um esforço consideravelmente grande. São pessoas que estão todo o tempo a se movimentar, seja num cinema, numa conferência ou no ambiente familiar. Estas pessoas, provavelmente, devem fazer parte de uma população não tratada durante a infância e que, na época, foram consideradas como inquietas, "bagunceiras", desajeitadas ou, em outras circunstâncias, como até mal-educadas.

## Como se manifesta a hiperatividade?

Evidenciam-se, de modo isolado ou associado, as seguintes características:

- crianças que se mantêm em constante movimento;
- mexem em tudo, sem motivo e sem propósitos definidos;
- são muito impacientes e mudam de atividade com muita freqüência;
- não conseguem permanecer sentadas para assistir a um programa de TV, como um desenho animado;
- apresentam incapacidade para focar a atenção em qualquer atividade durante um período de tempo necessário para tal. Há certa tendência para desviar

a sua atenção para outros estímulos que são impróprios para aquele determinado momento;

- distraem-se com muita facilidade e, freqüentemente, não conseguem terminar as tarefas propostas para o período preestabelecido;
- a tarefa escolar prolongada é o indicador mais evidente para se detectar a acentuação da hiperatividade.

**Quando existe a hiperatividade, ela se manifesta de maneira constante?**

Há ocasiões em que não se percebe a hiperatividade de maneira muito nítida. Como exemplo, podemos citar certas situações como as atividades desenvolvidas em escolas de esportes ou em escolas de natação; a hiperatividade pode passar despercebida. Com uma apreciação um pouco mais crítica e mais dirigida pode-se notar a existência de diferenças comportamentais de uma criança hiperativa em relação às outras do grupo. Nos períodos de férias, a hiperatividade se mostra muito menos acentuada, mas é apenas uma questão circunstancial, pois as obrigações com horários e tarefas são menos rígidas e as exigências são menores; com isso, as crianças ficam mais à vontade, o que atenua o quadro, de modo aparente. Mesmo assim, as crianças com comportamento hiperativo, quando em colônias de férias, geralmente não deixam de ser notadas pelos monitores no que se refere ao comportamento.

**O critério de avaliação do paciente hiperativo não é subjetivo?**

Existe, sem dúvida, certa subjetividade na avaliação do paciente, pois isso depende do grau de tolerância das pessoas que convivem com a criança. As primeiras observações, na maior parte das vezes, são feitas pelos professores, que notam ser o comportamento da criança muito agitado. Isto é percebido quando comparado ao comportamento das outras crianças durante as aulas. Além disso, notam que o desempenho da criança em relação à média do grupo está, também, defasado. A mãe percebe, muitas vezes, as alterações comportamentais no convívio diário com a criança. Quando existe suspeita de hiperatividade, a criança deve ser encaminhada para uma avaliação especializada com profissionais habilitados nesta área, seja neuropediatra, psicólogo, fonoaudiólogo ou psicopedagogo.

**A caracterização da hiperatividade é sempre coincidente quando o paciente é avaliado pelos vários profissionais?**

Nem sempre há unanimidade na determinação da hiperatividade, pois há vezes em que a criança se apresenta hiperativa na escola e isto não é percebido ou não é considerado pelos pais, em casa. Muitas vezes, no consultório médico, a criança apresenta um comportamento mais tranqüilo, o que deixa os familiares admirados, sugerindo que as queixas referidas são de outra criança. Diante disso, o pediatra até tranqüiliza os familiares. Há outras situações, ainda, em que os pais discordam entre si, pois a mãe considera a criança hiperativa, mas o pai não aceita esta apreciação, alegando ser esse comportamento próprio da idade, e que ele, o pai, apresentava comportamento semelhante na mesma fase da infância. Naquela época era considerado, somente, como criança peralta, mas atualmente, na idade adulta, está muito bem-adaptado, sob o aspecto social, familiar e profissional, aparentemente sem seqüelas. Não raro, são criados conflitos entre o casal, pois os pontos de vista são discordantes. Há pais que consideram ser a mãe o foco maior do problema, por não saber lidar, de modo adequado, com o filho. Algumas vezes os pais parecem fugir ou, de modo proposital, ignorar o problema. Assim, não comparecem às reuniões na escola, nem acompanham o desempenho do filho nas diversas atividades. Nesse caso, a falta de participação desses pais, somada à pouca convivência com o filho, torna impossível desenvolverem critérios objetivos para avaliação do comportamento da criança. Em decorrência disso, não enxergam e não admitem a existência do quadro hiperativo. São as mães que recebem as reclamações escolares, sentem diretamente as dificuldades no relacionamento com os filhos e, muitas vezes, devem lidar com a questão sem a participação efetiva dos pais. Os pais justificam a sua ausência por estarem atarefados, terem agendadas reuniões importantes e inadiáveis ou viagens de interesse profissional que os impedem de comparecer, inclusive nas consultas médicas. Ir às entrevistas com psicólogos, nem pensar, pois para a maioria dos pais esta providência é inaceitável.

# Diagnóstico

## Como se percebe que a criança é hiperativa?

A hiperatividade pode ser percebida em várias fases do desenvolvimento da criança. Pode ser observada já no lactente, porém torna-se bem mais evidente quando as crianças estão na fase pré- escolar ou escolar:

- ao brincar, não conseguem se fixar, durante algum tempo, em determinadas atividades, pois desinteressam-se rapidamente de uma atividade e saem à procura de outra;
- são aquelas crianças que estão sempre em todos os lugares;
- necessitam de ser vigiadas constantemente, pois com freqüência inventam atividades que envolvem perigo, o que gera uma grande intranqüilidade para os pais;
- trocam com muita freqüência de brinquedo, pois não conseguem se satisfazer com nenhum por muito tempo;
- apresentam espírito de destruição, mesmo com os seus objetos;
- não conseguem ficar sentadas à mesa durante as refeições;
- assistem televisão, mas por tempo muito limitado;
- falam muito e mudam de assunto rapidamente, sem mesmo terminar o pensamento anterior;

- qualquer estímulo, por mais simples que seja, é suficiente para desviar a atenção da atividade que estão desenvolvendo;
- não conseguem finalizar uma tarefa de maneira adequada;
- são muito desorganizadas na sua vida diária, com suas roupas, com os seus objetos pessoais, brinquedos e com o material escolar.

**Como é que a hiperatividade se manifesta no período pré-escolar?**

Em algumas ocasiões, pode-se perceber a hiperatividade desde o período de lactente, isto é, já no primeiro ano de vida:

- são crianças que apresentam períodos de sono curto;
- acordam várias vezes durante a noite;
- choram com muita freqüência, sem causa aparente (é o bebê chorão);
- apresentam cólicas abdominais freqüentes e exageradas;
- denotam persistente desconforto e insatisfação.

**As alterações comportamentais do lactente são transitórias?**

As manifestações anteriormente citadas podem desaparecer após alguns meses, mas podem persistir sem interrupção até a idade pré-escolar ou mesmo além deste período. Há vezes em que os pediatras solicitam às mães uma dose extra de tolerância, mas com freqüência encontramos, no consultório, mães estafadas e irritadas, por conta de noites maldormidas durante vários meses. Devido ao desgaste físico e emocional, estas mães se tornam intolerantes e impacientes, comprometendo de maneira marcante a relação afetiva com a criança e o equilíbrio de todo o ambiente doméstico.

**Um lactente tranqüilo pode se tornar hiperativo em épocas posteriores da sua vida?**

A hiperatividade pode se manifestar só no período pré-escolar ou mesmo no período escolar. Há, portanto, crianças que apresentavam comportamento mais tranqüilo em outras fases da sua vida e, de modo súbito, sem justificativa aparente, tornaram-se hiperativas.

## Como se identifica a hiperatividade na escola?

O comportamento destoante em relação às outras crianças é o ponto básico da identificação do hiperativo:

- movimentam-se excessivamente na sala de aulas;
- atrapalham a dinâmica das aulas;
- falam muito com os outros colegas;
- não prestam atenção e não conseguem se concentrar nas atividades;
- interrompem a professora com freqüência;
- interferem de modo impróprio e inoportuno nas conversas dos outros alunos;
- tumultuam a classe com brincadeiras fora de hora;
- apresentam iniciativas descontroladas;
- o desempenho global nas diversas atividades encontra-se em nível aquém da média do seu grupo.

## Por que os pais não percebem este quadro em casa?

Nem sempre os pais conseguem perceber as diferenças comportamentais, especialmente quando não têm outros filhos. Muitas vezes acreditam tratar-se de uma fase transitória, e, com isso, tornam-se mais tolerantes. A acomodação, por parte dos pais, a este tipo de comportamento faz com que não percebam o quanto este se desvia do padrão tolerável . Devemos considerar, também, que os pais não mostram à criança quais são os seus verdadeiros limites e, com isso, muitas vezes elas ficam expostas a situações adversas, inclusive de perigo. Por outro lado, há, também, pais que não querem admitir que o seu filho apresenta algum comprometimento comportamental, e consideram as queixas em relação ao seu filho como sendo uma questão pessoal de antipatia ou de intolerância. Esta não aceitação por parte dos pais retarda o diagnóstico e, por conseqüência, o tratamento.

Alguns pais que foram ao consultório referiam que o comportamento em casa não era preocupante, pois já estavam acostumados ao ritmo do filho.

# Características

### A hiperatividade é hereditária?

Acredita-se que a hiperatividade tenha conotação genética, pois existem publicações reforçando esta posição:

- a manifestação é mais freqüente no sexo masculino;
- há casos semelhantes nos parentes próximos, como pai, tio, avô ou irmão;
- devemos considerar, também, que as mães podem ser hiperativas, embora a incidência, na mulher, seja menos freqüente.

### A hiperatividade é uma disfunção orgânica?

A hiperatividade é, muitas vezes, a expressão de uma disfunção orgânica, porque envolve diversas áreas do cérebro na determinação do quadro hiperativo. De fato, o estado psicológico pode, em certas ocasiões, ser o fator determinante da hiperatividade. É provável que a maioria das crianças e adolescentes que apresentam a hiperatividade tenham associados ambos os fatores, isto é, orgânicos e psicológicos.

### Como se processa a hiperatividade?

Considera-se haver desequilíbrio neuroquímico cerebral, provocado pela produção insuficiente de neurotransmissores (Dopamina, Noradrenalina) em certas regiões do cérebro (região parietal posterior, sistema límbico, região frontal e sistema reticular ascendente) que são responsáveis pelo estado de vigília, atenção e pelo controle das emoções. Esta desorganização bioquímica leva a alterações neurofisiológicas que acarretam alterações do sono, comportamento agressivo, impulsivo, depressivo e os distúrbios da atenção que podem estar associados ao quadro da hiperatividade.

**Qual é a causa determinante da alteração bioquímica cerebral?**

Várias são as causas que podem comprometer o cérebro da criança, alterando a dinâmica funcional. Devemos considerar, inicialmente, o período final de gestação ou a fase do nascimento, quando estas crianças sofrem discretas injúrias causadas por contrações uterinas prolongadas ou partos laboriosos; outras causas estão relacionadas aos recém-nascidos que demoram para chorar ou que apresentam alguma dificuldade para iniciar a respiração. Estes sofrimentos discretos e aparentemente inocentes, por vezes pouco valorizados, provocam alterações no tecido cerebral, causam repercussões importantes no sistema nervoso, que, no futuro, poderão ser os fatores determinantes das disfunções cerebrais.

**A hiperatividade pode desaparecer com a idade?**

No período pré-escolar a criança pode se apresentar hiperativa, mas este comportamento, em algumas ocasiões, pode desaparecer com o passar do tempo, em decorrência da maturação do sistema nervoso central. Há ocasiões, entretanto, que a hiperatividade persiste, alcançando o período escolar; é a partir deste momento que surgem os transtornos maiores para as crianças e para os circunstantes, quando começam a contestar e desacatar as autoridades.

**A hiperatividade se prolonga até a adolescência ou desaparece antes?**

Estudos mostram que a hiperatividade pode diminuir no início da adolescência, mas estes adolescentes, por vezes, mantêm alguns traços mais sutis que os diferenciam dos outros colegas que não foram hiperativos; são especialmente estes jovens que se queixam de dificuldades relacionadas à atenção e concentração. Estes adolescentes apresentam, em certas ocasiões, rendimento acadêmico aquém do esperado no tocante ao aspecto cognitivo e visuomotor. A conseqüência é a baixa auto-estima, que prejudica, de modo marcante, o desempenho global do jovem na sua vida escolar, familiar e social, comprometendo a sua qualidade de vida. Devemos ficar, portanto, muito atentos às seqüelas emocionais e educacionais que os pacientes não tratados poderão apresentar no futuro. Serão essas seqüelas que poderão interferir na vida destes jovens de maneira acentuada, comprometendo a sua felicidade.

## Os pais das crianças hiperativas também o foram na infância?

Há pais que informam terem apresentado na infância comportamento semelhante ao do filho, mas superaram com o passar do tempo, apesar das dificuldades vivenciadas na época. Muitos não se recordam dos detalhes e necessitam recorrer às informações dos familiares próximos. Outros têm uma lembrança fotográfica das vivências passadas e citam as situações desconfortáveis pelas quais passaram em várias ocasiões, da sua vida escolar, familiar ou social.

## A incidência da hiperatividade é igual em ambos os sexos?

Encontra-se uma predominância nítida no sexo masculino em relação ao feminino, na razão de 4:1. Embora a hiperatividade se apresente de forma semelhante em ambos os sexos, devemos destacar que o componente agressivo é a característica que se evidencia mais no sexo masculino.

**Pode existir mais de um caso de hiperatividade na mesma família?**

Sim, pois há vários relatos na literatura médica, e nós temos algumas crianças hiperativas cujos irmãos estão também em tratamento pelo mesmo motivo. Há casos relatados de gêmeos univitelinos que são ambos hiperativos e de gêmeos bivitelinos dos quais somente um deles apresentava hiperatividade. Nos antecedentes familiares são relatados casos de pais, avós, tios ou outros parentes próximos que apresentaram hiperatividade.

**O desenvolvimento do hiperativo é normal?**

A maioria dos pacientes com quadro de hiperatividade apresentam desenvolvimento normal, mas alguns denotam certa defasagem no desenvolvimento motor. Nestes casos, o que mais se encontra é o paciente com alterações da coordenação motora e do equilíbrio, compro-metendo suas atividades da vida diária (AVD).

**O nível de inteligência do paciente hiperativo é normal?**

A maioria dos pacientes hiperativos apresenta o nível de inteligência normal, sendo que alguns podem até apresentar o nível de inteligência acima do normal.

**Se essas crianças apresentam um nível intelectual normal, qual é a razão de o desempenho escolar estar aquém da normalidade?**

A hiperatividade não é um sintoma que aparece isolado, mas sim acompanhado por outras manifestações, como a baixa capacidade de manter a atenção, que é também chamado distúrbio do déficit de atenção (DDA). Isto significa que a criança não consegue se concentrar e, por isso, a memorização é prejudicada, comprometendo o resultado final do seu aprendizado.

**A hiperatividade é uma manifestação que ocorre somente em crianças com inteligência normal?**

Não, pois esta é uma condição que as crianças e adolescentes portadoras de encefalopatia crônica podem, também, apresentar. Crianças com a síndrome de Down são, particularmente, hiperativas na maior parte das vezes; muitos pacientes com deficiência mental também o são. Neste particular, necessitam de uma atenção especial quanto ao tratamento, pois o comportamento hiperativo numa criança com deficiência mental passa a ser um fator complicador.

**A hiperatividade pode estar relacionada a problemas emocionais?**

Os problemas emocionais podem determinar alterações comportamentais incluindo a hiperatividade. A carga emocional que o paciente porta, por conta dos insucessos escolares e sociais, modifica o seu comportamento, e isso, por sua vez, repercute nas relações familiares de modo acentuado. Muitas vezes os desentendimentos familiares relativos à educação, as comparações que são feitas pelos pais entre os filhos e os desajustes entre o casal comprometem seriamente o ambiente doméstico e, conseqüente-mente, alteram o comportamento dos filhos. Há que se considerar outros fatores como os descompassos profissionais dos pais, que também influem, de modo marcante, na dinâmica da família. Dessa maneira, cria-se um círculo vicioso: desajuste familiar – sobrecarga emocional – hiperatividade.

**Os pacientes hiperativos devem, sistematicamente, passar por avaliação psicológica?**

O exame psicológico é muito útil, pois através da aplicação de testes é possível se detectar a interferência dos fatores emocionais desencadeantes, que nem sempre estão evidentes para a família e nem mesmo para a criança. Em algumas ocasiões, dependendo da idade, as próprias crianças e os adolescentes já relatam fatos que podem ser os determinantes das alterações emocionais e comportamentais; outras vezes, este diagnóstico só é possível através das avaliações especializadas realizadas por profissionais habilitados no real conhecimento destas alterações. Devemos ter em mente que o diagnóstico precoce e o tratamento adequado previnem os grandes desvios comportamentais, os conflitos internos e externos, reduzindo assim o tempo do tratamento.

**O tratamento psicológico é sempre necessário?**

Sempre que as alterações emocionais forem detectadas, o tratamento psicológico está indicado, pois o não tratar agravará as dificuldades no relacionamento social e familiar. Consideramos que a orientação psicológica é uma necessidade para a reorganização psíquica do indivíduo, que, sem dúvida, apresenta um sofrimento emocional intenso que dificilmente terá uma solução satisfatória sem a ajuda psicoterápica.

**Os pais devem ser, também, encaminhados para orientação psicológica?**

A orientação psicológica muitas vezes é interessante e necessária para os pais, pois os ajuda a entender e lidar com o problema do filho de modo mais adequado; é comum os pais se sentirem desorientados e fragilizados diante de uma situação que não conseguem avaliar e controlar. Não raro os terapeutas se deparam com muitas dificuldades para abordar o pai, que, na maior parte das vezes, considera-se uma pessoa perfeita, isenta de distúrbios emocionais, portanto dispensa qualquer tipo de orientação psicológica. Imagina que somente a mãe necessita de tratamento e orientação, por não ter capacidade adequada para educar o filho; não são poucas as vezes em que os pais atribuem às mães a culpa pela relação difícil com o filho, embora eles participem muito pouco no sentido de ajudar a melhorar esta relação. São, também, muito freqüentes as ocasiões em que o pai desautoriza a mãe e até a agride na frente do filho. Este é um exemplo negativo, se considerarmos o significado do relacionamento familiar na formação do indivíduo. Há vezes em que os filhos procuram imitar as atitudes do pai e, também, tentam agredir a mãe. As desavenças do casal geram um clima de insegurança importante nas crianças. Nesta situação, podemos concluir que a terapia do casal é mais importante e necessária que a terapia da criança.

# Repercussões

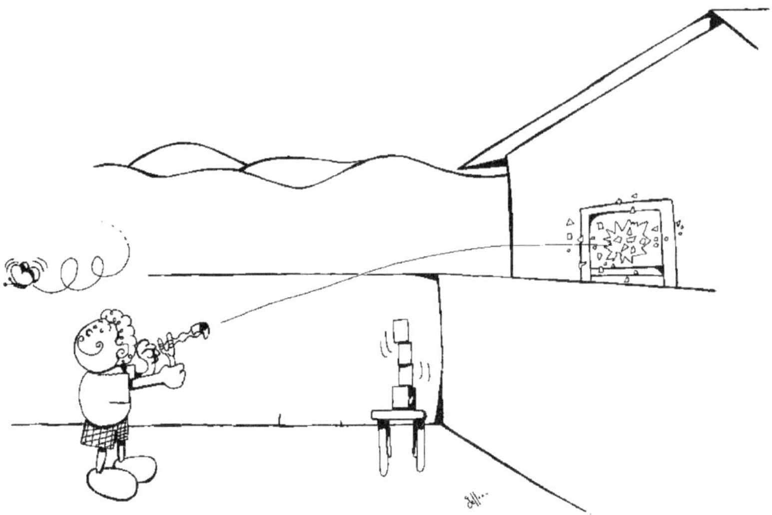

**Existem conflitos domésticos por conta do filho hiperativo?**

O comportamento hiperativo pode desestabilizar a relação do casal, que deve procurar administrar, em conjunto, os desvios comportamentais apresentados pelo filho, pois as discórdias do casal têm repercussão negativa relevante sobre o comportamento emocional da criança, o que agrava a hiperatividade. Com certa freqüência, a vida doméstica se torna mais difícil, os encontros não mais denotam prazer, mas justamente o oposto, ou seja, desprazer. A vida do casal se altera, comprometendo, também, a sua relação afetiva e sexual, em particular. Os horários das refeições tornam-se muito desgastantes, quando, na realidade, deveriam ter um clima tranqüilo, com momentos de descontração e prazer para integrar a família. Acontece exatamente o contrário, pois nestas horas é que os ânimos ficam acirrados, tornando mais evidentes as cobranças e discussões.

**A hiperatividade tem repercussões sociais?**

A criança hiperativa sofre conseqüências sociais, a começar pelos amigos que a discriminam por se sentirem incomodados devido ao seu comportamento. Queixam-se que o hiperativo atrapalha as brincadeiras, é muito impaciente, pouco tolerante, não respeita as regras do grupo e, muitas vezes, quer impor as suas próprias regras. Este comportamento tem como conseqüência o afastamento do grupo, e isto é um fator agravante para o estado emocional do hiperativo. Além disso, são excluídos das atividades sociais como festas, passar o dia na casa dos amigos, entre outras.

**Quais são as repercussões da hiperatividade no ambiente escolar?**

A criança hiperativa pode apresentar várias alterações, que se evidenciam na sala de aulas, como:

- dificuldade para se concentrar e manter a atenção, o que vai concorrer para as dificuldades no aprendizado;
- atrapalhar a dinâmica da aula, por conta do comportamento inquieto, comprometendo o seu relacionamento com a professora e com os colegas;
- tumultuar a classe com brincadeiras inoportunas;
- não conseguir trabalhar em grupo, pois interfere de modo inoportuno e extemporâneo, prejudicado o rendimento dos outros alunos. Nestas circunstâncias é rejeitada pelos colegas tanto para os trabalhos em conjunto, quanto para as atividades recreativas nos intervalos das aulas.

A tendência natural para o aluno que não consegue atingir os objetivos propostos é ser excluído e, também, desvalorizado, o que compromete o seu comportamento emocional, social e familiar.

**Quais as repercussões da hiperatividade no relacionamento familiar?**

O hiperativo é a causa de freqüentes transtornos domésticos bem conhecidos:

- às refeições não consegue ficar sentado de modo adequado, pois muda de posição constantemente. Não termina uma refeição sem antes levantar-se várias vezes, por diversos motivos desnecessários;
- come com muita voracidade e ansiedade; engole os alimentos malmastigados com uma pressa sem propósito;
- quando assistindo à TV, não consegue manter-se quieto, incomoda os circunstantes, acrescentando mais um fator para as desavenças;
- interfere nas conversas de modo inoportuno, sem aguardar a sua vez para falar. Não se detém para ouvir o que se lhe está falando;
- fala muito e em ritmo acelerado, o que acarreta uma fala com mensagens confusas e, às vezes, com omissões e trocas de fonemas;

- muda de atividade com muita freqüência e de modo abrupto, mesmo sem completar a anterior;
- mostra-se muito desorganizado com os seus brinquedos, objetos, roupas e material escolar;
- atrapalha as brincadeiras dos irmãos;
- apresenta problemas de disciplina;
- tem dificuldade em acatar as ordens;
- responde com comportamento agressivo e violento em situações rotineiras;
- quer ser sempre atendido na hora das suas solicitações;
- procura impor as suas vontades e à sua moda (são mandões);
- pede as coisas e logo se desinteressa;
- consegue deixar o ambiente todo agitado e descontrolado;
- demonstra uma grande ansiedade em todas as atividades.

**A hiperatividade pode estar associada a outras alterações clínicas?**

A hiperatividade nem sempre se apresenta como um sintoma isolado. Geralmente se acompanha de outras manifestações, como os distúrbios comportamentais: agressividade, impulsividade, espírito destrutivo, dificuldade no relacionamento interpessoal e social, auto-imagem negativa, entre as várias outras alterações já citadas.

**Por que os pacientes hiperativos apresentam reações impulsivas?**

A impulsividade é um comportamento primitivo que o indivíduo apresenta, cuja finalidade é a de satisfazer os seus desejos de modo rápido e abrupto, independente da circunstância. Quando solicitam algo, querem um atendimento imediato, pois não registram a palavra "aguardar" ou "agora não é possível". O limiar de frustração é baixo.

Possivelmente essas reações impulsivas se devam à falta de organização interna dos indivíduos, à imaturidade, à falta de atenção e às inabilidades motoras que apresentam.

# Escola

## As dificuldades no aprendizado estão relacionadas à hiperatividade?

Esta não é uma condição obrigatória, apesar de a associação de ambos ser bastante freqüente. Geralmente, o paciente hiperativo apresenta-se disperso e desatencioso, e isto prejudica o seu desempenho escolar. Por isso que, ao se tratar o paciente hiperativo, é notada marcante melhoria no seu rendimento escolar.

Os pacientes que não apresentam dificuldades no aprendizado conseguem executar as tarefas de modo rápido e eficiente, mas como terminam antes que os outros ficam a atrapalhar o trabalho dos colegas por conta da hiperatividade. Este comportamento causa uma grande insatisfação ao grupo, que passa a reclamar. A interferência da professora, que chama a atenção do aluno, tem como objetivo primordial o de manter a classe organizada, provocando uma reação agressiva por parte do aluno, além de acentuar a hiperatividade.

## A criança hiperativa apresenta alterações cognitivas?

A cognição significa a aquisição de conhecimentos de um modo geral e a criança hiperativa apresenta esta função alterada, pois o seu comportamento hiperativo acarreta a dispersão e a desatenção; conseqüentemente, a impossibilidade para o aprendizado satisfatório é evidente. Há casos em que a disfunção cognitiva pode ser determinada por outras causas, portanto não é acompanhada, necessariamente, da hiperatividade.

### Existe alguma relação entre a hiperatividade e a dislexia?

A dislexia se caracteriza por uma dificuldade específica para o aprendizado da escrita-leitura, que compromete, de maneira importante, o desempenho escolar. Muitas crianças que têm certa facilidade para cálculos aritméticos passam a apresentar dificuldades quando devem resolver um problema que necessita de ser lido. Se a questão formulada for lida por alguma pessoa, a resolução será correta, sem maiores dificuldades. A dislexia é uma característica constitucional, determinada geneticamente, o que nem sempre acontece com a hiperatividade. No entanto, muitas crianças disléxicas apresentam, também, déficit de atenção que acentua ou desencadeia a hiperatividade; conseqüentemente, esse quadro comportamental prejudica ainda mais a capacidade de aprendizado.

**A hiperatividade e as dificuldades no aprendizado podem se manifestar nos adolescentes?**

O adolescente pode apresentar o problema multiplicado, pois vem caminhando com os transtornos comportamentais e as dificuldades para o aprendizado, especialmente para a leitura, desde o período escolar. Esta dificuldade gera um certo grau de desinteresse e mesmo desprezo para a leitura e para as outras atividades escolares, que culmina com o comprometimento importante do desempenho e do rendimento escolar. Muitos abandonam a escola e se dedicam ao trabalho, que, na maior parte das vezes, é pouco qualificado.

Há vezes em que não conseguem nem mesmo participar nos negócios da família, os quais já estão estruturados; assim, acabam sendo colocados em posições secundárias, o que gera conflitos internos e a sensação de insatisfação e infelicidade para o jovem, pois conscientiza, de maneira concreta, a sua incapacidade global. Este conflito interno gera a depressão, que se caracteriza por uma sensação de desesperança e certa tendência a desistir dos objetivos futuros pertinentes. Essa visão negativa de si mesmo leva à baixa auto-estima, auto-estima negativa e a uma visão de futuro desfavorável. Em condições habituais, os adolescentes apresentam oscilações comportamentais e variações do humor que se agravam com os reveses escolares e os insucessos sociais.

**O paciente hiperativo apresenta problemas de memória?**

Geralmente, os hiperativos apresentam alterações na chamada memória de curto período, e isto se deve à baixa capacidade de atenção e à pouca concentração. As mães referem que, quando solicitam algo à criança, esta retorna após alguns minutos perguntando qual foi a solicitação, pois esqueceu-se do pedido que lhe fora feito. Esta falta de memória já é, por si só, um fator de baixo rendimento escolar que quando associado à hiperatividade agrava o quadro.

**A depressão pode estar associada à hiperatividade?**

O hiperativo apresenta as dificuldades escolares, o que muito frustra a família. Após um determinado ponto, o professor se torna impaciente e, até, intolerante. Por conta dos sucessivos insucessos, começam a se manifestar os conflitos internos, caracterizados pela ansiedade, a qual, pode levar à depressão.

**Os distúrbios do sono podem estar relacionados à hiperatividade?**

Encontramos com certa freqüência esta associação. As alterações do sono referidas são a agitação, virar-se de um lado para o outro freqüentemente, falar ou gritar dormindo e a enurese.

# Exames

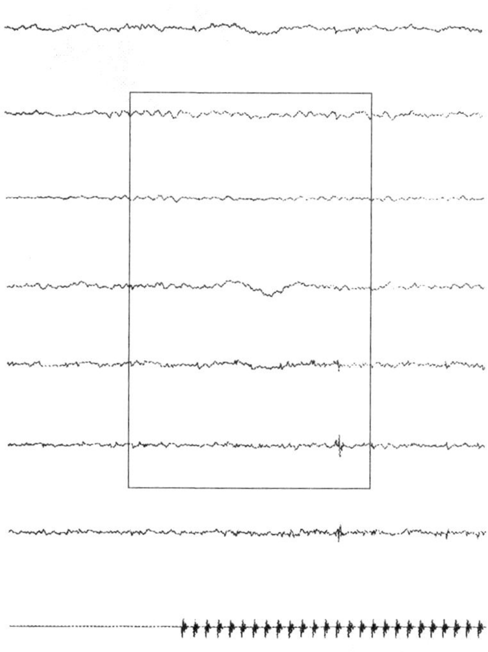

**O eletrencefalograma (EEG) é um exame importante para se detectar a hiperatividade?**

O EEG não é um exame específico para o diagnóstico da hiperatividade. O EEG normal não afasta esse diagnóstico. O exame tem particular importância nas crianças com história pregressa de crises convulsivas. Inúmeras vezes o EEG é solicitado por profissionais não especializados e isso não é recomendável. É fundamental que o EEG seja avaliado por profissionais experientes, a fim de se evitar confusões na sua interpretação e orientação.

**A tomografia computadorizada do crânio deve ser indicada na avaliação da hiperatividade?**

A tomografia computadorizada do crânio não revela alterações que possam ser correlacionadas à hiperatividade. Já a ressonância magnética nuclear da cabeça, em determinados estudos, revelou algumas alterações nos pacientes portadores da síndrome do déficit da atenção e hiperatividade (DDAH); estes achados estão, ainda, em fase de pesquisa para a confirmação dos achados e a sua respectiva correlação clínica.

**Existe algum exame de laboratório que revele alterações no paciente hiperativo?**

A cintilografia cerebral para avaliação da perfusão cerebral (SPECT) assinala as áreas que são metabolicamente ativas no tecido cerebral. Portanto, são medidores do metabolismo cerebral, seja local ou difuso, através do fluxo sangüíneo cerebral. Na síndrome do déficit da atenção e hiperatividade (DDAH) foram encontradas reduções do fluxo sangüíneo na região frontal e do núcleo caudado. No nosso estudo encontramos, também, alterações semelhantes na região temporal. Em avaliações posteriores, notou-se que o uso dos medicamentos psicoestimulantes melhoraram o fluxo sangüíneo na região dos núcleos da base, com concomitante melhoria do quadro clínico. As pesquisas continuam neste campo, pois não há, ainda, uma posição unanimemente definida a respeito.

# Tratamento

**A hiperatividade tem tratamento?**

Existe, sem dúvida, tratamento para a hiperatividade, mas é necessário que se tome uma série de medidas, porque o quadro é pluridimensional: no caso, deve ser um trabalho conjunto que envolve orientação familiar, orientação psicológica, psicopedagógica, a participação da escola, complementado pelo tratamento com medicamento.

**Quais os medicamentos recomendados para o tratamento da hiperatividade?**

São receitados os medicamentos estimulantes do sistema nervoso central, ou seja, os psicoestimulantes disponíveis no nosso mercado. Embora não sejam muitas as opções, a maioria dos pacientes se beneficia muito com o uso criterioso desses medicamentos. Os efeitos benéficos se evidenciam já nas primeiras semanas de uso, o que muito entusiasma o paciente, familiares e todos os profissionais que trabalham com a criança.

**Sendo a criança hiperativa, por que não lhe é receitado medicamento calmante, e sim estimulante?**

Devido ao desequilíbrio bioquímico que existe no sistema nervoso central, os medicamentos calmantes apresentam um efeito paradoxal, isto é, ao invés de tranqüilizarem, pioram a agitação.

**Os medicamentos psicoestimulantes utilizados para o tratamento da hiperatividade foram lançados recentemente?**

Esses medicamentos foram usados, inicialmente, na década de 30, mas caíram em desuso quando a psicoterapia passou a ser o tratamento principal para os problemas comportamentais. Apesar do seu inegável valor, a experiência demonstrou que a psicoterapia não era suficiente para corrigir os distúrbios comportamentais, como a hiperatividade e as suas conseqüências escolares, emocionais, sociais e familiares.

Na década de 60, foram testados outros medicamentos e a partir da década de 70 os medicamentos psicoestimulantes voltaram a ocupar o seu espaço no tratamento dos hiperativos. Atualmente, os principais centros especializados no mundo concordam que o tratamento específico para os pacientes com hiperatividade e distúrbios da atenção deve ser feito com medicamento psicoestimulante. Isso coincide perfeitamente com a nossa experiência clínica.

Os benefícios com o uso dos psicoestimulantes podem ser observados de maneira substancial com diminuição da hiperatividade, melhoria do humor, do nível de atenção e concentração, e conseqüentemente do rendimento escolar.

**Os medicamentos usados têm efeitos adversos?**

Existem alguns efeitos adversos causados pelos medicamentos psicoestimulantes. Uma das ocorrências é a redução do apetite. Para alguns que comem compulsivamente e com voracidade, o uso do medicamento controla esse desvio comportamental. Outros se queixam de cefaléia e de alterações do sono logo no início do tratamento. As queixas referidas, que são do período de adaptação ao medicamento, são transitórias e desaparecem em poucos dias. Por isso, estas intercorrências não constituem obstáculos reais para o tratamento, principalmente se considerarmos os benefícios obtidos.

**Como são comercializados os medicamentos para tratar a hiperatividade?**

Existe disponibilidade, na praça, de medicamentos com dosagens padronizadas pelos laboratórios fabricantes, o que limita, em certas ocasiões, o uso da dose ideal. Há, portanto, outra possibilidade que é a de se mandar preparar alguns medicamentos psicoestimulantes, em farmácias de manipulação, o que facilita a prescrição da dose adequada ao paciente.

**Qual o tempo de duração do tratamento com medicamentos?**

O tempo de tratamento é uma questão individual, que será norteada pelas características particulares e pela resposta do paciente ao tratamento. Há pacientes que melhoram e podem suspender o tratamento com o medicamento após 6 meses de uso; há outro grupo de pacientes que necessita de um período mais longo de tratamento. Considerando-se os casos que já tratamos, a nossa média ficou em torno de 18-24 meses. Dados da literatura citam que o tratamento pode se estender até 36 meses . Passado este período, a maioria dos pacientes se encontra em condições de suspender o tratamento com medicamentos, por terem sido atingidas as metas desejadas.

**Quando é que se sabe se o medicamento pode ser suspenso?**

Inicialmente, quando os objetivos traçados para a melhoria comportamental, com adequação do desempenho escolar e social, forem atingidos. Uma vez considerada a condição do paciente como a ideal, o medicamento será suspenso de modo lento e progressivo. Não é recomendada a suspensão abrupta. Deve-se considerar que a condição para a retirada do medicamento está relacionada à melhoria do quadro geral, seja escolar, familiar e social.

Há ocasiões em que o tratamento se prolonga até o início da fase adulta, o que não deve ser motivo de preocupação, pois devemos considerar como sendo realmente o mais importante, no caso, o bem-estar do paciente; a sua plena felicidade é o compromisso maior. Portanto, o tempo de tratamento passa a ocupar um lugar secundário na nossa avaliação.

**Estes medicamentos podem causar dependência?**

Os medicamentos habitualmente usados não causam dependência, e nenhum dos nossos pacientes apresentou anormalidade desta ordem. Não há nenhum indício que estes medicamentos possam induzir ao vício ou à drogadição. Devemos ressaltar, ainda, que todo o tratamento necessita do acompanhamento médico, com avaliações periódicas, não somente clínicas, como também laboratoriais.

**Qual a finalidade do uso do medicamento neste tipo de paciente?**

A hiperatividade pode acarretar freqüentes fracassos escolares e, com isso, a criança passa a sofrer fortes pressões na escola, em casa e no ambiente social. Estes insucessos geram uma grande ansiedade, que leva à depressão. Uma vez controlada a hiperatividade, melhora a auto-imagem, com influências positivas no ambiente. Melhorando o relacionamento com os colegas, a criança se sentirá mais feliz na escola, o que é um fator favorável para a melhoria do seu aprendizado.

**Qual é o mecanismo de ação dos medicamentos usados para controlar hiperatividade?**

Os medicamentos estimulantes agem no sistema nervoso central em nível dos neurotransmissores. No hiperativo existe um desequilíbrio bioquímico que altera a produção ou o reaproveitamento destas substâncias, que funcionam com transmissores dos impulsos nervosos. O medicamento tem a capacidade de reequilibrar o sistema, melhorando a hiperatividade.

**Quais são os resultados obtidos com as crianças tratadas?**

O tratamento com os medicamentos psicoestimulantes melhoram a hiperatividade e, em conseqüência, o nível de atenção e concentração. A melhoria deste conjunto de sintomas proporciona resultados positivos no aprendizado. Além disso, a melhoria do comportamento facilita a aceitação, da criança, pelos colegas e professores. O mesmo acontece no ambiente familiar, com reflexos marcantes no comportamento da criança.

**Qual a porcentagem de pacientes que se beneficia com o tratamento?**

Nós já temos uma experiência grande e sedimentada com esses casos e podemos afirmar que todos os pacientes apresentam benefícios com o tratamento, variando, somente, o percentual de melhoria.

Há pacientes que melhoram numa faixa estimada entre 25-50%, outros entre 50-75% e outros acima dos 75%. Devemos ressaltar que uma melhoria, ainda que pequena, é representativa e muito importante para o paciente, seja sob aspecto social, familiar, escolar ou emocional.

**Há quanto tempo estes medicamentos são comercializados?**

Os psicoestimulantes usados, atualmente, para o tratamento da hiperatividade e para os distúrbios da atenção estão disponíveis, no comércio, há mais ou menos 40 anos. Portanto, os seus efeitos são bastante conhecidos, e isto nos deixa mais seguros na sua indicação.

**Os medicamentos psicoestimulantes afetam o desenvolvimento físico do paciente?**

Na prática, isso não se tem verificado. A redução do apetite poderia, eventualmente, prejudicar o estado nutricional da criança, mas uma adequada orientação dietética e os exercícios físicos sistemáticos podem evitar maiores transtornos.

**Os medicamentos devem ser usados em dose única diária?**

A dose diária poderá ser única ou subdividida, isto dependerá da resposta individual ao tratamento proposto. Há pacientes que se queixam de sonolência ou ficam irritados ou apáticos, e ao se modificar o modo de usar do medicamento estes efeitos desaparecem. Portanto, a cada paciente deverá ser feita a adaptação que lhe for mais conveniente, devendo-se, ainda, considerar os horários das atividades habituais da criança.

**Há unanimidade quanto à indicação do tratamento da hiperatividade com medicamentos estimulantes do sistema nervoso central?**

Esta conduta não é preconizada por todos os médicos e terapeutas, pois há um grupo que não é favorável ao tratamento com medicamentos estimulantes, por considerar a hiperatividade um quadro transitório que sempre se resolve com a psicoterapia. Esta orientação se deve ao preconceito e à falta de familiaridade com o quadro clínico, ao desconhecimento dos esquemas terapêuticos disponíveis e à ignorância quanto aos resultados obtidos com os pacientes tratados com medicamentos. Há quem imagine que, pelo fato de não serem encontradas alterações no exame neurológico convencional ou no eletrencefalograma, estes pacientes não necessitam de tratamento com medicamentos. Já mencionamos, anteriormente, que estes procedimentos não são elementos determinantes do diagnóstico da hiperatividade. Muitos pacientes são encaminhados para avaliação neurológica e para tratamento com medicamento por psicólogos, fonoaudiólogos e psicopedagogos que, trabalhando com estes pacientes há algum tempo, não conseguem obter resultados satisfatórios. Estes pacientes, que recebem atendimento terapêutico individual, apresentam um rendimento, nas terapias, muito aquém do esperado. Há vezes em que as próprias famílias procuram orientação neurológica, mesmo sem indicação dos pediatras e à revelia dos terapeutas, pois, após um longo período de tratamento, os resultados obtidos são pouco perceptíveis, tanto sob aspecto comportamental, quanto sob aspecto de aprendizado.

**O que acontece quando é interrompido o tratamento?**

Não tendo sido atingido o nível esperado de controle da hiperatividade, a interrupção do tratamento acarretará o reaparecimento do quadro hiperativo, com suas repercussões já apresentadas anteriormente.

Em várias ocasiões, tivemos pacientes em tratamento que melhoraram sensivelmente da hiperatividade e os pais, após um curto período de tratamento com medicamento, muito felizes com os resultados, resolveram suspender o tratamento por conta própria. Uma semana após, estes pacientes foram trazidos de volta ao consultório, pois os pais perceberam a substancial piora do comportamento, e com isso se convenceram da real necessidade de se manter o tratamento por um período mais longo. Para cada paciente existe um período ideal para o tratamento, e a orientação do especialista deve ser seguida rigorosamente.

**Por que os pais resistem ao diagnóstico de hiperatividade?**

Geralmente, há uma certa dificuldade para os pais aceitarem a existência de problemas comportamentais e de aprendizado nos próprios filhos; esta não aceitação é o primeiro obstáculo para se submeter a criança a uma avaliação especializada. Em muitas ocasiões, quando os pais são alertados pelos orientadores da escola, eles vão discutir a questão com os clínicos, que, por terem um conceito diverso, superficial e impróprio do problema, orientam de modo inadequado e não encaminham aos especialistas da área. A alegação mais freqüente é que se trata de um quadro transitório e normal para a faixa etária. Esta postura pode acarretar um prejuízo importante no desenvolvimento global da criança, seja sob aspecto social, seja sob aspecto escolar ou emocional.

**Quais as restrições dos pais ao tratamento com os medicamentos estimulantes?**

Há uma grande preocupação que chega a ser medo, por parte dos pais, em relação ao uso dos medicamentos estimulantes, pois imaginam que poderá ser um passo curto para o consumo de drogas. Além disso, os efeitos adversos que são imaginados como muito graves somam-se aos conselhos inoportunos dos parentes, amigos e até de profissionais inexperientes que desconhecem o problema, dificultando a aceitação do tratamento. Todos estes fatores são os que retardam o encaminhamento e o tratamento precoce dos hiperativos.

**Os pais aceitam com facilidade a idéia do tratamento com estimulantes?**

A aceitação do uso de medicamentos estimulantes por parte dos pais não é fácil, geralmente. O neurologista deve desenvolver um trabalho de explanação a respeito da necessidade do medicamento e quais os benefícios esperados sob o ponto de vista escolar, social e familiar. Os pais devem se conscientizar de que seus filhos serão tratados por médicos especialistas, com vivência do problema e com experiência no uso de medicamentos estimulantes. A orientação terapêutica não poderá ser delegada a um médico que não conheça, profundamente, tanto a questão da hiperatividade, quanto os fundamentos dos medicamentos e as particularidades do seu uso.

**Quando os pais se convencem de que o tratamento é necessário?**

Há ocasiões em que as mães, que convivem mais com os pacientes, sentem de modo marcante o seu comportamento e são as que, com maior freqüência, recebem as queixas e reclamações dos professores, e por isso percebem a necessidade do tratamento. Os pais são mais resistentes à idéia do tratamento e, por vezes, consideram as mães exageradas nas suas apreciações. Em muitas ocasiões, há necessidade de se mudar a criança de escola mais de uma vez, receber reclamações até dos professores das escolas de esportes e os pais passarem um período de férias com o filho para que se conscientizem e se convençam da necessidade de um tratamento adequado e especializado.

Existem pais que consideram este comportamento semelhante ao seu na infância, mas como adultos são bem-sucedidos, não considerando que o seu filho tenha algum problema que mereça uma atenção especial. Estes pais se esquecem de que pelo fato de terem tido um comportamento semelhante, no passado, e por terem vencido na vida profissional, não podem considerar, como uma certeza, o sucesso do filho à sua semelhança. Alguns pais, muitas vezes, se lembram das dificuldades que passaram por conta da sua hiperatividade e não percebem que o caminho do filho poderá ser semelhante. Curiosamente, este mesmo pai não deixa de cobrar resultados positivos, do filho, seja na escola ou em casa.

**Este é o único tipo de tratamento para o paciente hiperativo?**

O medicamento é muito importante no tratamento, pois a sua ação é rápida e os resultados podem ser percebidos em poucos dias ou semanas. Paralelamente ao uso do medicamento, deve-se associar a terapia psicológica, fonoaudiológica e psicopedagógica, pois as defasagens que o paciente apresenta, conseqüentes às dificuldades pregressas, devem ser abordadas por outros especialistas. Podemos considerar, em determinadas ocasiões, que o uso do psicoestimulante é semelhante ao de um analgésico, pois pode aliviar a dor, mas não é um tratamento curativo. O medicamento estimulante apresenta uma ação efetiva na hiperatividade, na capacidade de concentração e no grau de atenção.

**Qual é a época ideal para se iniciar o tratamento do hiperativo?**

Quanto mais precocemente for iniciado o tratamento, melhor será o resultado, pois haverá uma melhora no comportamento global da criança e se evitará a criação de barreiras para a sua integração na sociedade, previnindo as distorções do comportamento emocional. O resultado positivo com o tratamento alivia as tensões domésticas, melhorando muito o relacionamento e a dinâmica familiar.

**A punição favorece a melhoria da hiperatividade?**

A punição não é o caminho adequado para o tratamento da hiperatividade. Sabendo-se que existe um componente orgânico e que as interferências psicológicas, também, podem estar presentes, devemos averiguar quais as verdadeiras causas determinantes, e a partir daí orientar o tratamento.

Muitas vezes as crianças verbalizam o desejo de permanecer quietas, manter-se concentradas, atenciosas e acatar as ordens, mas não o conseguem, pois algo internamente as incomoda e as impede de adotar estas posturas. Nestas situações não conseguem nem entender o porquê da punição.

**Quais as orientações que devem ser transmitidas aos pais quanto ao tratamento?**

As questões devem ser discutidas com ambos os pais, embora com freqüência o pai não compareça ao consultório, alegando falta de tempo, reuniões inadiáveis, compromissos diversos muito importantes e viagens. O pai deve ser conscientizado de que a sua participação é de extrema importância para a melhoria do quadro comportamental da criança. Reforça a posição da mãe frente a esse relacionamento difícil, tornando a orientação mais uniforme. Infelizmente, nem sempre o pai tem a disposição de participar de modo efetivo, mas nem assim deixa de culpar a mãe pelo eventual insucesso do tratamento.

## O paciente deve participar da decisão terapêutica?

Ao paciente deve-se apresentar, de maneira simples, o seu problema global. A sua participação é fundamental e devemos explicar quais são as vantagens e os inconvenientes do não tratar, procurando conscientizá-lo das melhorias que poderá obter no desempenho escolar, na relação familiar e social. As crianças têm condições de entender, bastando para isso que se utilize um vocabulário à sua altura. Ao entender o seu problema, o sucesso no resultado será mais rápido e satisfatório. Nota-se, com freqüência, que os pacientes assumem a responsa-bilidade em relação ao uso do medicamento. Ao contrário, esses pacientes, quando não bem-orientados, recusam a terapia e o uso dos medicamentos; não raro, jogam os medicamentos no lixo, dentro das gavetas ou debaixo do colchão.

## A escola tem algum papel no tratamento do paciente?

Devemos considerar que a professora é a pessoa que mantém um contato regular e diário com o aluno. A professora orientada tem plenas condições de avaliar quais são as diferenças apresentadas no desempenho do aluno antes e após o início do tratamento com os medicamentos estimulantes. Portanto, suas informações poderão ser as mais fiéis, pois compara o aluno com ele mesmo no que se relaciona ao seu rendimento. A avaliação dos resultados obtidos só será adequada com a participação da estrutura escolar.

**Quais são as repercussões gerais que se verificam no paciente hiperativo não tratado?**

As conseqüências posteriores para os pacientes não tratados são de difícil caracterização, pois vários fatores podem influir, como a estrutura emocional e as condições familiares, entre outros. Há trabalhos publicados na literatura especializada mostrando que no grupo não tratado o número de indivíduos que se inclina para a delinqüência e que apresenta transtornos psicopatológicos é cerca de 3 vezes maior que nos pacientes tratados. O paciente não tratado apresenta maiores dificuldades no rendimento escolar, no relacionamento familiar e social, fatos que podem ser os desencadeantes de distúrbios comportamentais importantes. Estes transtornos podem determinar o abandono escolar, acentuar o desinteresse por atividades mais intelectualizadas e a mudança nos seus hábitos de vida e dos seus valores. Estes pacientes apresentam um sofrimento psíquico importante, com conseqüente seqüela psicológica. Dependendo da sua classe social, poderão ter uma tendência maior para ingressar no mundo da delinqüência e das drogas.

**A suspensão do tratamento com medicamentos não faz reaparecer a hiperatividade ?**

Há um tempo útil de tratamento no qual os benefícios se apresentam muito claros e bem-definidos. Ao serem atingidos os objetivos esperados com o uso do medicamento, este poderá ser suspenso, mas terá que ser feito de modo progressivo, para que não se manifeste uma regressão do quadro. Caso haja o reaparecimento ou uma acentuação da hiperatividade, deve-se reintroduzir, por mais um período, o esquema terapêutico, cujos resultados se mostraram positivos anteriormente.

**O medicamento pode perder a sua eficácia com o uso prolongado?**

Não é o habitual, mas poderá ser necessária a correção da dose após algum tempo de uso do medicamento. Esta readaptação da dose se faz necessária por conta do crescimento do paciente e ao conseqüente aumento do peso.

**Há necessidade de se alterar a dose do medicamento em outras circunstâncias?**

Em alguns pacientes, os resultados alcançados são bons, embora não sejam os ideais, por isso o ajuste da dose é uma prática habitual para se atingir os objetivos de modo pleno. Além disso, devemos considerar que cada paciente tem a sua dose ótima. Não são todas as crianças com a mesma idade e com dificuldades semelhantes que obterão a mesma resposta ao tratamento. A adaptação ao medicamento é uma condição individual. Há vezes em que o medicamento precisa ser alterado para que se encontre o resultado final mais satisfatório.

**Em quanto tempo pode-se perceber os efeitos benéficos dos medicamentos?**

Os pacientes em tratamento demostram melhorias nos primeiros dias ou em poucas semanas de uso dos medicamentos, e isto é notado em todos os ambientes. Os professores percebem que há uma alteração do comportamento, pois esses alunos ficam mais tranqüilos na sala de aulas, mostram um melhor desempenho nas tarefas, conseguem ficar mais tempo sentados durante as aulas e com nível mais persistente da atenção. Em casa, são evidentes as alterações comportamentais, onde são percebidas melhorias no tocante à responsabilidade com as tarefas escolares e mesmo domésticas.

**Existem interações dos medicamentos estimulantes com outros medicamentos?**

Todos devem saber que a prescrição e o uso de medicamentos têm que ser sempre orientados por médicos e que estejam habituados a lidar com essas substâncias e suas diversas associações. De uma maneira geral, os medicamentos mais comumente usados, que são os analgésicos comuns, os antibióticos e os anti-inflamatórios, não apresentam restrições a crianças que tomam psicoestimulante. Deve-se tomar cuidado com alguns medicamentos antialérgicos (em especial os clássicos), que podem causar sonolência excessiva ou o efeito paradoxal com aumento da agitação e irritabilidade. Os jovens devem ser alertados que o consumo de bebidas alcoólicas é incompatível com o uso de psicoestimulantes, cujos efeitos podem ser potencializados.

**Há alguma dieta especial que deva ser usada para melhorar a hiperatividade?**

Há algum tempo foram mencionadas restrições a certos alimentos com corantes, e que refrigerantes e café não deveriam ser consumidos pelas crianças hiperativas. Estas bebidas têm na sua composição a cafeína, que chegou a ser utilizada para o tratamento da hiperatividade. Os resultados ficaram aquém dos desejados, mas não se evidenciou acentuação do quadro hiperativo. Na nossa experiência, este procedimento não tem razão de ser. O objetivo maior para essas crianças é que se integrem numa sociedade em condições normais e não restritivas, que as façam se sentir diferentes.

# Finalmente

Procuramos apresentar nesse livro o quadro vivenciado pela criança hiperativa, pelos pais, bem como pelos educadores e terapeutas. Obviamente, o assunto não está esgotado, pois essas crianças tem uma capacidade criativa muito fértil para inventar situações inesperadas e inusitadas.

Devemos reconhecer que a hiperatividade demora a desaparecer ou, somente, se atenua com a idade. Os familiares e os educadores devem ficar atentos ao quadro comportamental para que não percam o "bonde" no meio do caminho.

> "A vida é uma comédia para os que pensam e uma tragédia para os que sentem".
>
> Horácio Walpole

9981 · 5531 -

louka.